Sobre el escenario

Virginia Segret Mouro
ilustrado por Erik Riveros

La visita al teatro

David era un niño de ocho años a quien le gustaba mucho jugar y divertirse.

Era la mañana y la familia se encontraba en el comedor de la casa. Papá había preparado un sencillo desayuno con panes tostados, mermeladas y frutas. El pequeño David y Julia, su hermanita menor, comían golosos.

—David, esta tarde iremos al teatro. Veremos una obra para niños —le dijo su papá.

La mamá sonreía pues estaba segura de que a sus hijos les encantaría la idea. Era la primera vez que irían al teatro. ¡La obra era muy divertida!

—¡Qué idea genial, papi! —exclamó David.

—Veremos una obra nueva. La recomiendan en el periódico. ¡Parece que es muy buena! —dijo el papá.

David y Julia escucharon la noticia con mucha curiosidad. Algunos compañeros de la escuela ya habían asistido al teatro. La idea de los papás los entusiasmaba.

El papá les contó:

—En el teatro, los actores representan los personajes de la obra y nosotros seremos el público. Debemos estar en silencio y escuchar con mucha atención.

—¿No podemos reírnos, papi? —preguntó Julia.

Los papás sonrieron. David estaba muy serio y pensaba.

—¡Claro que sí, hijita! ¡En la obra suceden cosas muy divertidas! —dijo el papá.

—Y muy cómicas —agregó la mamá.

3

La familia asistió esa tarde al teatro. La obra era muy buena y los niños disfrutaron y se rieron mucho. A la hora de la cena, David estuvo muy pensativo.

—¿Qué te sucede, David, no te ha gustado ir al teatro? —preguntó la mamá.

El niño respondió a su mamá:

—Me ha gustado mucho, mamá. Muchísimo. No sabía que era tan lindo ser actor. Y me divertí mucho también.

—¿Y por qué estás tan callado, hijo? —preguntó el papá.

—Quiero saber muchas cosas sobre el teatro. Quiero que me cuentes todo lo que sabes.

El papá le preguntó muy interesado:

—A ver... dime, David. ¿Qué cosas quieres saber?

—¿Los actores se divierten mientras practican? —preguntó David.

—Bueno, el oso que vimos hoy en la obra hacía muchas travesuras —respondió el papá—. Y los payasos eran muy simpáticos. Estoy seguro que se han reído mucho practicando el papel.

David escuchaba con atención.

El papá le contó que el teatro es un arte muy antiguo; sirve para divertirse pero también para aprender cosas nuevas. Los actores estudian y practican mucho para poder representar bien sus personajes. Armar una obra de teatro lleva varios meses.

David comenzó a reírse.

—¿Dije algo gracioso? —preguntó el papá.

—Me acordé de cuando tú y mamá actuaron de ratones en la obra de la escuela. Y el papá de Matías hacía de gato —dijo David.

—Sí, y cuando quiso corrernos por el escenario, se pisó la cola del disfraz —rio la mamá.

David y sus papás disfrutaron mucho recordando la obra y los personajes principales.

Capítulo 2

David quiere ser actor

A la semana siguiente, David tuvo una sorpresa: en la escuela estaban organizando un taller de teatro. Corrió a contarles a sus papás la noticia.

—¡Qué alegría! —dijo la mamá tan entusiasmada como su niño.

—La escuela es un buen lugar para comenzar —dijo el papá guiñando un ojo.

—Entonces, ¿puedo ir al taller de teatro? —preguntó David.

—Sí, hijo, claro que sí —respondió el papá—. Después de todo, siempre te gustó actuar en los espectáculos de la escuela. Y lo haces muy bien.

—¡Qué bueno! ¡Espero que las clases de teatro comiencen pronto!

A la mañana siguiente, David fue a la escuela y contó a sus amigos la noticia. ¡Qué feliz estaba!

—¡Seremos compañeros en el taller de teatro! —le dijo su amigo Satoshi.

—¿Y cuándo comienzan las clases? —preguntó David.

—Esta misma semana el director nos presentará al maestro de teatro —dijo Satoshi.

—Estoy muy contento que voy a ir al taller de teatro. Mis papás me contaron que estudiar teatro es muy interesante y divertido —dijo David.

—Mis papás dijeron lo mismo —dijo Satoshi.

Los niños entraron a la clase de matemática muy contentos.

Las clases de teatro comenzaron el jueves. El maestro era un hombre mayor, delgado, sereno y amable que había sido actor durante muchos años y ahora enseñaba su arte a los niños.

El maestro les explicó el primer ejercicio que consistía en presentarse de una manera muy original.

—A ver, tú, Satoshi, preséntate como si fueras un monito —le pidió al niño.

—¿Y cómo hago eso? —dijo Satoshi preocupado.

—Trata de sentir que eres un monito —le respondió el maestro.

Satoshi lo hizo muy bien y los compañeros lo aplaudieron.

—Ahora, tú, David, preséntate como si fueras un sapito —le dijo luego al niño que lo miraba un poco tímido.

David estaba un poco avergonzado y pensaba: "¿Podré hacer este personaje?".

—¿Un sa-pi-to? —dijo, y se ruborizó un poco. Entonces, se agachó y en cuclillas, dijo—: Glo-glo-glo…

Todos festejaron el personaje de David y el maestro, muy conforme con el logro de su alumno, lo felicitó:

—¡Muy buen trabajo! —dijo.

¡El niño estaba feliz, ya no sentía vergüenza!

Detective del lenguaje

¿Cómo se llama el signo que separa la palabra subrayada en esta página? ¿Por qué se ha usado?

El tiempo pasaba y los niños se entusiasmaban cada vez más. El maestro les enseñaba a hacer cosas muy divertidas.

Varias semanas después, el pequeño David había aprendido mucho. Ya podía hacer voces de animales y podía cantar sin equivocarse mientras hacía gestos graciosos.

David y Satoshi juntos podían decir cosas muy graciosas con cara seria, y eso hacía que los compañeros de la clase y el maestro se rieran a carcajadas.

Un día, David le dijo al maestro que le gustaba mucho hacer teatro y le preguntó si podía ir a su clase más días por semana.

—Conversaremos con tus papás sobre esto. Si ellos están de acuerdo, puedes tomar una clase más a la semana —respondió el maestro que había escuchado muy atentamente el pedido del pequeño.

A los papás de David les <u>pareció</u> muy bien que se agregara una clase de teatro más por semana, siempre que no descuidara la tarea de la escuela. ¡David estaba feliz!

Detective del lenguaje El verbo subrayado en esta página, ¿está conjugado en pretérito o en pretérito perfecto?

Capítulo 3

¡Aplausos!

El año escolar estaba finalizando. Los niños habían aprendido mucho y los maestros estaban contentos. El maestro de teatro también.

—Tengo una idea —dijo el maestro al director.

Y le contó su proyecto que se trataba de hacer con los niños una obra de teatro completa.

—Han logrado mucho y a todos nos gustaría ver la obra —dijo el director.

Así, los niños comenzaron a ensayar una obra que se llamaba "Un día en el laboratorio".

El maestro repartió a cada uno los personajes.

—Tú, David, serás un científico especial —dijo el maestro.

—¿Especial? Los científicos son muy serios —dijo el niño.

—Sí, muy especial, porque serás un científico muy estudioso pero también muy simpático que hace pasar buenos momentos a los niños, sus alumnos.

El maestro entregó los textos que los niños debían aprender.

David leyó su texto y descubrió que su personaje, el científico divertido, en un momento, decía: "¡Qué bella está la mañana! Una enorme moneda de oro ilumina mi laboratorio".

Para ayudarlo, el maestro le explicó qué es una metáfora.

—Una metáfora es una comparación de dos cosas, por ejemplo, podemos decir que una nube es un copo de algodón, o que el sol es una moneda de oro —dijo.

—¡Ya entendí! Lo que dice el científico es una metáfora. En lugar de decir "sol" dice "moneda de oro" —dijo David satisfecho.

—¡Muy bien, David, veo que has aprendido pronto esta lección! —dijo el maestro. David comenzó a estudiar su personaje. ¡Qué divertido era el científico!

Llevaba a los niños a su laboratorio y allí les explicaba sus experimentos. En el laboratorio tenía muchos recipientes con líquidos en reposo. Pero, mientras todos estudiaban, el científico hacía graciosos chistes a sus alumnos que hacían que sus clases fueran muy provechosas y, además, divertidas.

El maestro tenía razón. No era un científico verdaderamente serio.

Los ensayos marchaban muy bien y David estaba feliz porque el maestro de teatro reconocía sus logros.

—¿De qué trata la obra, David? —le preguntó su papá en la cena.

El niño respondió:

—¡Es una sorpresa, así que no insistan porque no puedo adelantarles nada ahora! —respondió David que se sentía feliz con el interés que demostraban sus papás por su trabajo.

—¿Cuándo podremos verla? —preguntó la mamá ansiosa por saber más.

—El estreno de la obra es el domingo —respondió David de inmediato.

Los padres y la hermanita de David fueron al teatro y allí se encontraron con los papás de los otros niños. Ya se habían ubicado en sus butacas junto a la familia de Satoshi cuando, de pronto, la luz se apagó y la función comenzó.

La obra fue muy divertida. David hizo reír a todos con su personaje, el científico inteligente, sabio y gran profesor responsable de su trabajo que, sin embargo, hacía chistes graciosos a sus alumnos. Hablaba con algunas metáforas y esto lo hacía muy creativo. A todos les había gustado la actuación de David y de sus compañeros.

Al final, la sala se llenó de aplausos. ¡Qué felices estaban los papás! El director felicitó a los niños y al maestro quien, emocionado, dijo que la obra había salido tan bien porque todos habían ensayado mucho. ¡Habían hecho un trabajo muy bueno!

Esa noche, en casa de David hubo una cena especial.

—La obra fue hermosa —dijo el papá.

—Estamos orgullosos de ti —dijo la mamá.

—¡Qué científico divertido eres, David! —agregó Julia, riendo y festejando a su brillante hermano.

—Creo que me gustaría ser actor cuando sea grande —dijo David a sus papás, muy emocionado.

—Es una buena elección. Creo que ser actor debe ser muy lindo y muy divertido. ¡Quiero que seas mi maestro de teatro! —comentó el papá, y los cuatro se rieron.

Respuesta a la lectura

Resumir

Usa detalles del cuento para
resumir *Sobre el escenario*.
El organizador gráfico
te servirá de ayuda.

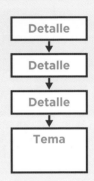

Evidencia en el texto

1. ¿Cómo sabes que *Sobre el escenario* es un cuento
   de ficción? GÉNERO

2. ¿Cómo descubre David que le gusta el teatro?
   Vuelve a leer la página 4 para hallar las claves.
   TEMA

3. ¿Qué metáfora usa el personaje del científico en
   la página 12 para describir el sol? METÁFORAS

4. Escribe sobre cómo se inspiró David para
   aprender a actuar. Usa detalles del cuento para
   tu respuesta. ESCRIBIR SOBRE LA LECTURA

Compara los textos
Lee un poema sobre la inspiración.

La canción del grillo

Nicolás Arroyos

Por la noche canta el grillo
entre el rocío y las flores.
Y las luciérnagas lo buscan
con sus hermosos faroles.

La luna también lo escucha,
la música no tiene fin.
Bailan los pájaros y los insectos
siguiendo el dulce violín.

La noche es una gran fiesta.
El grillo sobre una flor
alegra con melodías
el campo y el corazón.

Los niños duermen felices

en la tibia habitación.

Sueñan con un violín,

un grillo y una canción.

Haz conexiones

¿A quiénes inspira el grillo del poema?

¿En qué se parecen David, de *Sobre el escenario*, y el grillo del poema?

Enfoque:
Elementos literarios

Rima La poesía utiliza elementos como la rima y la repetición. La repetición es el uso de la misma palabra o frase varias veces en un poema. Las palabras de un poema riman cuando tienen el mismo sonido final. Los poemas que no riman se llaman de verso libre. Los poemas narrativos cuentan una historia y por lo general tienen rima. La rima en los poemas narrativos ayuda a que la historia fluya.

Lee y descubre El poema *La canción del grillo* está escrito con rima. En la página 18, por ejemplo, la palabra *fin* rima con *violín*. Lee el poema en voz alta para descubrir otra rima.

Tu turno

Elige un tema, una persona, una mascota o un suceso, y escribe un poema narrativo. Puedes usar rima o verso libre. Si eliges escribirlo en verso libre, usa la repetición para crear énfasis en el poema. Puedes repetir palabras o sonidos. La repetición de sonidos se llama aliteración.